28th OCT / 2020

INEVITABLE ADIÓS

Inevitable Farewell

Para mis buenos Amigos

Franci And Erick

Disfruten de mis Versos

y muchisimas gracias por el Apoyo...!

Francisco Fabián Álvarez

INEVITABLE ADIÓS

Inevitable Farewell

EL OJO DE LA CULTURA

2020. Derechos exclusivos de **Francisco Fabián Álvarez Sabogal**

Traducción: **Beatriz Luna Gijón**
Ilustración portada: **Fabián Álvarez**
Dibujo Contraportada: **Isabella Álvarez**

ISBN 9798617536494

Diseño y maquetación:
EL OJO DE LA CULTURA
www.catalogoelojo.blogspot.com
elojodelacultura@gmail.com
London, UK

A Mamá Omaira

Mujer de hombros bien puestos,
grande de estatura y noble corazón.
Nació en Andalucía Valle, Colombia.
Luego la vida la llenó de sufrimientos, pero a pesar de todo nunca
abandonó a su familia y decidió tomar al niño entre sus brazos
para que nunca más estuviese solo,
tomando el lugar de madre.

Madre querida, fueron muchos años, tantas memorias a tu lado.
Te regalé muchos besos, abrazos y flores en vida.
Pero llego aquel fatídico día, el de tu dolorosa partida.

¡Inevitable adiós!

PREFACE

Literature and art can provide multiple responses to human beings, one of them is certainly to give us comfort when we face the hard and painful experiences that we all go through in the course of our lives.

Inevitable Farewell, the second book by Fabián Álvarez, was born from one of those heartbreaking moments: the death of the person who acted as his mother for almost his entire life. Fabian's poems treasure her memory, highlight the courage of someone who gave it all for her family and always portray her in relation to the people she loved - and loved her.

The main part of the poetic creation of this Colombian author is crossed by a storyline that deals with family and the loved ones. Fabian Alvarez relies on the power of memory to summon up his words. He writes from a temporal and geographical distance about his native land, which he abandoned many years ago to come to London, a captivating but sometimes dehumanised city.

And this is also what this book is about: putting the vital experience under a magnifying glass to unravel its meaning, the existential doubts that inhabit us, the scene of lights and shadows that surrounds us. But in the face of this all, Fabian leans on his convictions and the faith that sustains the building of his life: God and his family, two roots from which he takes the matter of his literary creation.

ENRIQUE D. ZATTARA
Writer

PRÓLOGO

Entre las múltiples respuestas que la literatura y el arte ofrecen a los seres humanos, una de ellas es sin duda la de dar consuelo y arroparnos frente a las experiencias duras y dolorosas que, desafortunadamente, todos hemos de atravesar en el curso de nuestra vida.

Inevitable adiós, segundo libro de Fabián Álvarez, nace sin duda de una de ellas: la muerte, inevitable pero no por ello menos traumática, de quien ocupó durante casi toda su vida el lugar de madre. Sus poemas la recuerdan, resaltan la valentía de alguien que lo dio todo por los suyos, y la retratan siempre en relación con los seres que amaba – y la amaban.

Una línea argumental – la de la familia y los seres queridos – que atraviesa lo principal de la producción poética de este autor colombiano, lanzado a la palabra creativa desde la distancia que acentúa el poder de la memoria, en su ya largo alejamiento de su tierra natal que un día lo trajo a esta Londres subyugante pero por momentos deshumanizada.

Y de esto también trata este libro: la experiencia vital que se pone bajo la lupa para desentrañar su sentido, las dudas existenciales que nos habitan, el escenario de luces y sombras que nos circunda. Pero frente a todo ello, Fabián opone la certeza de una fe inquebrantable que sostiene el edificio de la vida: Dios y su familia, las dos raíces desde las que crece y se sostiene la estatura de su propio árbol.

ENRIQUE D. ZATTARA
Escritor

INEVITABLE ADIÓS
Inevitable Farewell

FLOWERS FOR GRANDMA

Runs the granddaughter runs
In search of flowers
For her grandmother
thrilled by her arrival

With hands full
Of roses, daisies, orchids
Magnolias and a beautiful floral ornament

A kiss on the wrinkled cheek
Given by the one whose life has just begun
To the old woman who has almost finished.

Wonderful is their relationship
separated by the years
but united by the same hope

Hope which is falling apart as the days go by
While the granddaughter grows
And life knows more.

Her grandmother has started preparations
For her long trip,
A reward that God
knows how to grant.

Runs the granddaughter runs
Looking for the tired arms
Of the one who gives her all.

FLORES PARA LA ABUELA

dedicatoria especial de tu nieta Isabella, madresita

Corre la nieta corre
En busca de flores
Para la abuela que se ilusiona
Al verla llegar

Con manos llenas
De rosas, margaritas, orquídeas
Magnolias y un hermoso adorno floral

Un beso en la arrugada mejilla
Que da la que apenas comienza la vida
A la anciana que todo lo ha vivido ya.

Magnifica es su relación
Aunque las separan años
Una misma ilusión las unirá

Esa que se desmorona con el paso de los días
Mientras la nieta crece
Y la vida conoce más.

Su abuela ha empezado los preparativos
Para su largo viaje,
Aquella recompensa
Que Dios sabe otorgar.

Corre la nieta corre

Blessed are the children
Who have known their grandmothers
Since their first days:
Everyone's mother she will always be

buscando los cansados brazos
de aquella que todo lo da.
Dichosos los nietos
Que desde los primeros dias
Conocen a sus abuelas:
Madre de todos siempre será.

THE GRANDDAUGHTER

The granddaughter prays to the Almighty
For her grandmother
To return home

The granddaughter doesn't know
Of circumstances
Of medical reports
Of palliative cares

The granddaughter finds her radiant
Beautiful looks her grandmother
While planning for a trip
About which the girl knows nothing

The granddaughter whispers in her ears
Since she is convinced
That, at some point,
Grandma will open her eyes

The granddaughter in her little heart
Keeps her alive
Although doctors think otherwise

The granddaughter will never understand
Her looming good-bye
She will be waiting for her with open arms
Why hasn't Grandma Omaira come back?
Grandma, where is she?

LA NIETA

La nieta le reza al altísimo
Para que su abuela
Vuelva a casa

La nieta no entiende
De circunstancias
De partes médicos
Tratamientos, paliativos

La nieta la ve radiante
Hermosa está su abuela
Preparándose para un viaje
Del que la niña nada sabe

La nieta le susurra al oído
Porque tiene fe
De que en algún momento
Ella pueda abrir los ojos

La nieta en su pequeño corazón
La mantiene con vida
Aunque los médicos piensen otra cosa

La nieta jamás entenderá su inminente partida
Seguirá esperándola con sus brazos abiertos
¿Por qué no ha vuelto abuela Omaira?
¿La abuela, dónde está?

YOU FLY LIKE A BUTTERFLY

What shall I tell the girl,
Knowing that your exhausted body
Is declining by the minute
And your strength is running out?

What if I told her
That on your farewell
You will fly like a butterfly?

One evening, when the night was falling,
You wrapped yourself in your cocoon
And turned into a being
Full of pure beauty.
You dressed in a colourful suit
To fly to eternity
Where God was waiting for you.

Fluttering your wings
You will perch on the flowers you liked most
Those that
Your granddaughter used to give you
You will soar high into the air
Very close to the sun
But it won't hurt you

Life gave us unforgettable moments
Full of love, mum!
In your granddaughter is still alive
Your memorable smile

VUELAS COMO LAS MARIPOSAS

Qué le voy a decir a la niña
Al saber que tu extenuado cuerpo
Decae a cada minuto
Y se te agotan las fuerzas

¿Y si le dijera
Que en tu despedida
Volarás como las mariposas?

Una tarde al caer el sol
Te envolviste en tu capullo
Te transformaste en un ser
Lleno de pura belleza
Te vestiste de un colorido traje
Para volar al infinito
En donde Dios te espera

Al revolotear tus alas
Te posarás en las flores que más te gustaban
Las mismas que
Tu nieta te obsequiaba
Subirás muy cerquita del sol
Sin que te haga daño

La vida nos regaló momentos inolvidables
¡Llenos de amor, mamá!
Pues en tu nieta aún queda en vida
Tu inolvidable sonrisa

she looks so much like you
Mum, so much!

We will never forget you
And when your granddaughter asks where you went
I'll tell her that you fly

       like a butterfly

Tanto se parece a ti
Mamá, ¡tanto!

Jamás te olvidaremos
Y cuando tu nieta pregunte dónde fuiste
Le diré, que vuelas
                    como las mariposas

DECEMBER THE 12TH

That December the 12th
Death entered the house
Like a thief who breaks into the night
To steal the most loved

That December the 12th
The light was dim, the sun was absent
The streets were tinted grey
And the flowers died of thirst at the end of the day

That December the 12th
The moon was weeping bitterly
The ghost of those who sleep
Came closer and not in vain

That December the 12th
The clock was ordered to chime the hour
While the cold of the grave
Was starting its way to the calvary

That December the 12th
They revealed the sad news:
My mother's eyes
Were closing gently

That December the 12th
They ordered the heart not to beat
And the pulse remained frozen

DOCE DE DICIEMBRE

Aquel doce de Diciembre
La muerte entró en la casa
Como ladrón que entra en la noche
Para robar lo más amado

Aquel doce de Diciembre
La luz fue tenue, el sol estuvo ausente
Las calles se pintaron de gris
Y las flores murieron de sed en el ocaso

Aquel doce de Diciembre
La luna lloró con amargura
El fantasma de los que duermen
Se aproximó y no fue en vano

Aquel doce de Diciembre
Al reloj se le ordenó marcar la hora
Y mientras tanto el frío del sepulcro
Inicio su camino del calvario

Aquel doce de Diciembre
Anunciaron la trágica noticia
Los ojos de mi madre
Se cerraron poco a poco

Aquel doce de Diciembre
Ordenaron al corazón que no latiera
y el pulso yaciera congelado

That December the 12th
Suffering and desolation
Were exchanged for perpetual peace

That December the 12th
At seven o'clock in the evening
Your feet walked healthily
To an angel who was waiting for you at the gates

Aquel doce de Diciembre
El sufrimiento, la desolación,
Fueron cambiados por la paz eterna

Aquel doce de Diciembre
A las siete de la noche
Tus pies caminaron sanos
Y un ángel te aguardó en aquella puerta

I WILL MISS YOUR HUG

Among so many people
When the clock chimes the hour
And the new year begins
There won't be anyone to occupy your chair
your absence will be noticed, dear mother
The great void
And the sorrow for not seeing you

When the bells toll the new year
And hugs start
Tears of sadness will come out
Not finding the softness of your lap
Those days when you hugged me
With so much love, mum!
With so much love!

We will toast to love and fortune
And in the middle of this bitterness
For not having you present
There, in the great beyond
I'll ask for your blessing
Dear mother

EXTRAÑARÉ ESE ABRAZO

En medio de tanta gente
Cuando el reloj marque la hora
Y el nuevo año comience
No habrá quien ocupe tu silla
Se notará tu ausencia madre querida
El gran vacío
Y el infortunio de no verte

Cuando se anuncien las doce campanadas
Y empiecen los abrazos
Saldrán lágrimas de tristeza
Al no hallar la suavidad de tu regazo
Tiempos en los que me abrazabas
¡Con tanto amor, mamá!
¡Con tanto amor!

Brindaremos por el amor y la fortuna
Y en medio de esta amargura
Al no tenerte presente
Allá en el más allá
Te pido la bendición
Madre querida

WE HAVE RUN OUT OF ROAD

We have run out of road
Life brought us so far
And distance hurts
Not long ago were
The two of us chatting together
You kissing your granddaughters' cheeks
So happy memories shared in the lounge
All those beautiful instants
Who would have known it would be our last supper
Our last kiss
Our last hug… you and me

We have run out of road
And I was getting my hopes up
With the arrival of another Christmas Eve
And waiting for the new year
Mum, along with you

We have run out of road
Mother, our time is over
I treasure those memories
The two of us hand in hand as before
Back then
When you bought me a blackboard
My first colour pencils
Things with which you taught me so much
So many years of the most sincere love

We have run out of road

SE NOS ACABÓ EL CAMINO

Se nos acabó el camino
Hasta aquí nos trajo la vida
Y duele esta separación
Si hace poco conversábamos los dos
Tú besando las mejillas de tus nietas
Tan felices compartiendo en el salón
Todos esos bellos momentos
Quién iba a pensar que era la última cena
El último beso
El último abrazo entre tú y yo

Se nos acabó el camino
Y yo que me estaba ilusionando
Con la venida de otra Nochebuena
Y recibir el nuevo año
Junto a ti mamá

Se nos acabó el camino
Madre, se terminó tu tiempo
Atesoro aquellas vivencias
Juntos de la mano como antes
Como en aquél entonces
Recuerdo el pizarrón que me compraste
Mis primeros lápices de color
Junto a ellos tanto me enseñaste
Tantos años del más sincero amor

Se nos acabó el camino
y solo quedan los recuerdos

and only memories remain
Dear mum and I stay here alone
I will try not to cry for grief so great
And be grateful for those days
I spent with you
But it hurts in my soul
To know that you will not return home
And now who shall I sit with to eat?

Madre querida y yo me quedo sólo aquí
Intentaré no llorar por tanto desconsuelo
Y apreciar los días que pasaba junto a ti
Pero me duele en el alma
Saber que no volverás hacia mi casa
Y ahora ¿con quién me sentaré a comer?

WREATH OF FLOWERS

On our way to the cemetery
The more the words the less the meaning
Tears with no consolation
Broken hearts

Amid praise
You were given honours
Though when you were alive
You lacked appreciation

Beautiful bouquets and flowers
covering the hearse
with the most heartfelt farewell
I see you descending into the grave
With not a sorrow or a complaint
Or a cry
I am accepting that you're now dead
My soul is aching and it's hard

Mission accomplished
The one that with dignity
Before the eyes of God himself
You achieved with your brave woman's soul

And here I'm left on my own
With no mother's love
With no mum's love

CORONA DE FLORES

Camino al cementerio
Palabras más
Palabras menos
Lágrimas sin consuelo
Corazones rotos

En medio de las alabanzas
Se te brindaron honores
Porque cuando estabas con vida
Te faltó reconocimiento

Hermosos ramos y flores
Adornando el carruaje póstumo
De tu más sentida despedida
Ver como desciendes al sepulcro
Sin un lamento una queja
Un grito
Aceptando que ya estás muerta
Duele en el alma y es duro

A la misión cumplida
Esa misma que con decoro
Ante los ojos del mismo Dios
Con esa alma de mujer valiente lograste

Y yo aquí me quedo sólo
Sin el amor de madre
Sin el amor de mamá

MOTHERS

Dedicated to the memory
of Leyda and Omaira Sabogal

I hope they'll see each other, meet with each other
At the time where there is no time
Only eternity
Absolute peace
Calm

I hope the two sisters will meet with each other
Hug each other
And talk about everything they missed
I hope that their new bodies
Will never erase
The memories that are still alive
For us who carry on here
With our wandering lives

I hope the Almighty will let
Them visit us
Let them see their granddaughters grow up
May they accompany us from heaven

I hope they will meet with each other
Those that were and forever will be
My mothers !

MADRES

*Dedicada a la memoria
de Leyda y Omaira Sabogal*

Ojalá se vean, se encuentren
En el tiempo en donde no existe el tiempo
Tan sólo la eternidad
La paz absoluta
La calma

Ojala se vean las dos hermanas
Se abracen
Y hablen de todo lo que les quedó faltando
Ojalá nunca sus nuevos cuerpos borren
Las memorias que aún quedan vivas
Por nosotros los que aquí seguimos
Deambulando con vida

Ojalá el Dios Supremo permita
Que nos visiten
Que vean a sus nietas crecer
Que desde el cielo nos acompañen

Ojalá se encuentren las que fueron
y serán para siempre
¡Mis madres!

TO HER

To her
To the brave woman
I dedicate my verses today

To her
To the strong woman
Elegant in essence
When she wore hats
And classic colours

To her
To the brave woman
The lady of so many battles
With her hands shattered
By the exhausting washing for the others
To give us our daily bread

To her
To the merciful woman
Full of grace, who didn't think twice
When she took the kid under her wing

To her
To the wise woman
Tutor of my childhood days
Blackboard and colours of my early years

To her
To the long-suffering woman

A ELLA

A ella
A la mujer valiente
Dedico hoy mis versos

A ella
A la mujer robusta
Elegante en su esencia
Cuando vestía de sombrero
Y colores clásicos

A ella
A la mujer aguerrida
Señora de muchas batallas
En desgastantes lavaderos
Destrozó sus manos
para traernos el pan a casa

A ella
A la mujer misericordiosa
Llena de bondad, que no pensó dos veces
Para llevar a su regazo al niño
Que defendió su causa y defendió su cría
Como una leona que jamás retrocede

El gallinero lleno de las más gigantescas gallinas
Sus platos únicas recetas
Su mano fuerte para darnos una crianza digna
En tiempos de escasez
Como en tiempos de abundancia

Who defended her cause and protected her chicks
Like a lioness that never retreats

The coop full of the largest hens
Her dishes of unique recipes
Her strong will to give us a dignified childhood
In times of need
As in times of plenty

Effective treasurer
Her mercy was so great
That she sheltered her parents
And cared for them till the call
Of their graves
Strong shoulders
Not many smiles
But the biggest heart

So many memories of
The long walks through Bolo's farms
Mosquitoes pestering
Our cups of coffee
Grandfather and his tobacco smoke
Musing on yesterday's stories
Moments I keep
In the bowels of my soul
Scary nights
Looking for those arms
Where I slept so confident
And I could never escape
Of so much love

Tesorera eficaz

A ella
A la mujer inteligente
Maestra de los días de mi niñez
El pizarrón y los colores de mis primeros años

A ella
A la mujer sufrida
Su piedad fue tan grande
Que cobijó a sus padres
Y les cumplió hasta el día
de sus sepulturas
Hombros bien puestos
De poco sonreír
Pero de corazón enorme

Tantos recuerdos de las
Caminatas largas por las fincas del Bolo
Mosquitos que perturbaban
Cuando tomábamos una taza de café
El abuelo y el humo de su tabaco
Cavilaban las historias del ayer
Momentos que guardo
En las entrañas de mi alma
Noches de miedo
Para buscar esos brazos
En los que me dormí tan confiado
Y nunca pude escapar de tanto amor

To her
Who is no longer here
To the great woman
That once filled the place of mother
My most heartfelt verses
My deepest prose

To her,
My mum

A ella
Que ya no está
A la gran mujer
Que una vez tomó el lugar de madre
Mis más sentidos versos
Mi prosa más sentida

A ella:
mi mamá

MY HEROINE

My warrior left
The brave woman
Who gave it all for me

It was so sudden
It was so deadly
Unexpected, cruel and cold
With no farewells
With no last kiss
And no last hug

Virtuous woman
A role model of self-denial
A lioness that never retreats
To protect her cubs
Strong woman
Of elegant countenance
Loving mother
To her daughters and to me

When I fall asleep
Iin my dreams I wish
That the hospital door
Can open to the ward
Where you lie
And I would wake you up
And take you to the room
Where your granddaughters are awaiting you
with the flowers that you liked most

MI HEROÍNA

Se marchó mi guerrera
La mujer aguerrida
Que lo dio todo por mí

Fue tan repentino
Fue tan mortal
Inesperado, cruel frío
Sin permitirle una despedida
Sin el último beso
Sin su caluroso abrazo

Mujer virtuosa
Gran ejemplo de sacrificio
Como la leona que no vuelve atrás
Con tal de proteger a sus hijos
Mujer fuerte
De elegante semblante
Mujer amorosa
Para con sus hijas y para mí también

Cuando me quedo dormido
Deseo en mis sueños
Que al cruzar aquella puerta
La del hospital
Me conduzca a tu cuarto
Para despertarte y llevarte a la sala
En donde tus nietas te esperan
Con las flores que más te gustaban

TIMELESS

May the night not come
When we let slip by the hours of the day

May death not catch us early
With no hug given for a long time

May we not run out of time
In the mere attempt
In the perhaps or in the might

May we never go to the grave
Without forgiveness and reconciliation
And an I love you from our lips
Or feelings of love never confessed

May we not forget the distant family,
Of which little is known
But is still missed

May the clock chime not the end of the game
And the best match of our lives
finish without a smile

May disease not visit us
As the cold companion
who will escort us to the grave

May they not close the florist's
If we are too late and fail

SIN TIEMPO

Que no nos coja la noche
Cuando dejamos escapar todas las horas del día

Que no nos coja la muerte antes de tiempo
Sin el abrazo que hace mucho no damos

Que no se nos acabe el tiempo
En el mero intento
En el quizás o en el de pronto

Que jamás nos vayamos a la tumba
Sin el perdón, la reconciliación
El te quiero que sale de nuestros labios
O los sentimientos de amor jamás declarados

Que no se nos olvide la familia lejana,
De la que poco se sabe
Pero igual se extraña

Que no marque el reloj el final del juego
Y que nuestro mejor partido de esta vida
Termine sin una sonrisa

Que no nos visite la enfermedad
Como esa fría acompañante
Que nos llevará al sepulcro

Que no nos cierren la floristería
por haber llegado tarde y no logremos

To give flowers while we are still alive

May death not catch us by surprise
And not let us live to tell the tale

Obsequiar las flores en vida

Que no nos sorprenda la muerte
Y no logremos vivir para contarlo

OUR HEROES

If we could only stop time for a second
And snatch a few more years from life
We would certainly spend together more time

We are here thanks to them
Their lives traced the path
That our parents trudged

Thanks to them, history is alive
Their advice is wisdom today
And sweet proverbs for us

Their weary eyes saw everything
Their wrinkled hands tell us
Of their past as fatigued farmers

Their beautiful feet walked along the paths
Unknown trails
They fought the battles of those days
They gave it all for their families
In search of love, freedom and peace

The sad reality of modern days
Ignores, confines and forgets them
Heroes who will travel to eternity
Dressed in humanity
Always a smile on their faces
Some of them have been alienated
And confined within four walls

NUESTROS HÉROES

Sí pudiéramos detener el tiempo por un instante
Arrebatarle a la vida unos años más
De seguro seria para pasar más tiempo con ellos

Gracias a ellos estamos aquí
Trazaron con sus vidas el camino
que nuestros padres siguieron

Gracias a ellos vive la historia
Consejos que hoy son sabiduría
Y para sus nietos dulces proverbios

Sus ojos ya cansados lo vieron todo
Sus manos ya arrugadas cuentan
un pasado de extenuante labriego

Y sus hermosos pies recorrieron caminos
Desconocidos senderos
Lucharon incansablemente por aquellos días
Dándolo todo por sus familias
En busca del amor, la libertad y la paz

Hoy la triste realidad de una era modernista
Los ignora, los encierra, los olvida
Héroes que viajarán a la eternidad
Vestidos de humanidad
 y en sus rostros siempre una sonrisa
Algunos marginados,
Confinados entre cuatro paredes

Of lonely and cold houses
They are no longer part of the family album
No one visits them
While we continually stumble and fall
Estranged from their experiences
Their delicious recipes, their old cartoons,
Their advice, care and guide

Like the wick of a burning candle
Slowly fading away
From a new century that is not theirs
They will soon leave
They will not return
And time which runs quickly
Will reach us and who knows
If we will ever come to be
Like them

Our grandparents
Our heroes will always be

En casas solas y frías
Ya no hacen parte de la foto familiar
Nadie les visita mientras que nosotros
Tropezamos y caemos constantemente
No contamos con sus experiencias
Sus deliciosas recetas, sus antiguas historietas,
Sus consejos, sus cuidados y su guía

Como el pabilo de una vela que humea
Que se va apagando lentamente
En un nuevo siglo que no es el de ellos
Se irán y no volverán
Y el tiempo que corre aprisa de seguro
Nos alcanzará y quién sabe si lograremos
Llegar a ser como ellos

Nuestros abuelos
Siempre serán nuestros héroes

WHAT LIFE?

Those who're travelling to the afterlife
Where are they going,
Where to?

Is it by chance better to be away
From your people?

They; the living suffering
Dying slowly
Of pain, of sadness

Because your loved one
Is leaving for a better life
What life, forever?

Loneliness between shadows
Or a full day with no moon,
No night
With no rights to sleep.

What place in the galaxy?
What hotel for souls to stay at?
Where does the memory
Of all the experiences remain?

For what purpose do we come first
When we leave the womb?

With what purpose do we leave the grave

¿CUÁL VIDA?

¿Para dónde se van
Los que viajan a la otra vida?
¿Para dónde?

¿Acaso es mejor estar lejos
De los suyos?

Ellos; los vivientes que sufren
Y luego mueren lentamente
De agonía, de tristeza

Porque su familiar
Parte a la mejor vida
¿Cuál vida, perpetuamente?

Soledad entre sombras
O el día pleno sin luna,
Sin noche,
Sin tener derecho al sueño.

¿Qué lugar en la galaxia?
¿En qué hotel se hospedan las almas?
¿En dónde queda la memoria
De lo vivido?

¿Con qué fin se vino primero
Cuando salimos del vientre?
¿Con qué fin salimos del sepulcro

Towards the other dimension?

For what purpose?

Was there anyone who could
Come back to tell us?

Only total emptiness and cold
It remains as the only credible sign
For so many lies,
For so much life
Which is not such life.

We don't live forever
And if we live forever
It is a total chaos with
Rational,
Sentimental,
Deadly beings
With immortal souls
just dreaming that they are alive.

Hacia la otra dimensión?

¿Con qué fin?

¿Acaso existió alguien que pudo
Volver y nos lo cuente?

Sólo el vacío total y el frío
Queda como única prenda creíble
Para tanta mentira,
Para tanta vida
Que no es tan vida.

No vive por siempre
Y si vive por siempre
Es una total confusión de seres
Racionales,
Sentimentales,
Mortales
Con almas que nunca mueren
Y solo sueñan que están vivas.

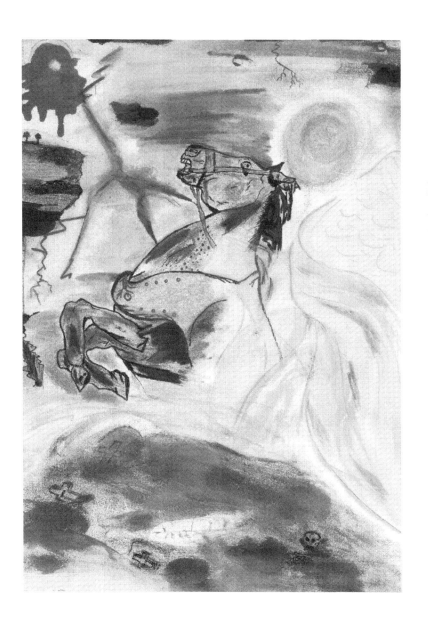

OTROS POEMAS
Other poems

THE GLOBE

In an endless universe
The astronaut is after impossible answers

Connected to oxygen cylinders
He's risking his life

But what life? the fleshy one?
Is he by chance doomed
To not become
A ghost with superpowers?

Naive and misled
He tries to believe he is still alive
And then life, what for?
If life does not allow us
To leave the globe

Maybe the inert mummies
Of other worlds
Petrified by oblivion
Are waiting for nothing

Humans that are nothing
But still, brag too much
In a corner of the galaxy
Away from other suns
Hidden up from the asteroids
That travel tirelessly

GLOBO

En un universo infinito
El astronauta busca imposibles respuestas

Conectado a los cilindros de oxígeno
Se juega la vida

Pero ¿qué vida, la carnal?
¿Acaso está condenado
A no llegar a ser
un fantasma con poderes ?

Iluso y engañado
Intenta creer que aún está vivo
¿Y entonces para qué la vida?
Si esa misma no le permite
Estar fuera del globo

Tal vez las momias
Inertes de otros mundos
Petrificadas por el olvido
Esperan la nada

Humano que no es nada
Y presume de que es mucho
En un rincón
Lejos de otros soles
Escondido hasta de los asteroides
Que viajan sin descanso

For long and thousands of days
We have been the ship drifting away

Hace muchos y miles de días
Somos la nave que perdió su rumbo

RED PLANET

What's happening to us?
I know you used to look at me
With magical eyes,
Dreamy, tender and sensual sometimes.

What's happening to us
Do you know?

Maybe we were tied
To other bodies
To other souls
Our alien lovers
Are gone long ago

What's happening to us
Do you know?

Ask the wind
That enveloped us on his flight
That poem read without answer
That kiss denied
Thanks to the fear of your shy lips

What's happening to me?
I ask to myself
Chasing a white train
That never stops

PLANETA ROJO

¿Qué nos pasa?
Sé que me mirabas
Me lo decían tus ojos mágicos,
Soñadores, tiernos y a veces eróticos.

¿Qué nos pasa?
¿Sabes tú?

Tal vez estuvimos atados
En otros cuerpos
En otras almas
Nuestros amores ajenos
Que hoy ya no están

¿Qué nos pasa?
¿Sabes tú?

Pregúntale al viento
Que nos envolvió en su vuelo
Aquel poema leído sin contestación
Aquel beso negado
Gracias al temor de tu tímida boca

¿Qué me pasa?
Me pregunto a mí mismo
Persiguiendo un tren blanco
Que nunca se detiene

Seeded lilies
On a red planet
where they never lived

Lirios sembrados
En un planeta rojo
donde jamás vivieron

FAR, SO FAR

Far, so far, uneasy
In a house which is not mine
Far, so far from my country
Far from my friends and my loved ones

Far, so far, I wake up
While my people
Still cover themselves with a blanket
Far, so far,
From grandma, from aunt
From my dog that barks and barks
Bitterly crying my goodbye

Far, so far, and this feeling
That doesn't let me forget my land
Far, so far, I'm weeping
My migrant heart aches
I carry this sorrow every day

Far, so far, in strange languages
I can't express what I feel
And there is an empty suitcase
In the hallway of silence

Far, so far,
Like never in life
Absent in December
And a new year

LEJOS

Lejos tan lejos, incómodo
En una casa que no es la mía
Lejos muy lejos de mi nación
De mis amigos, de mi familia

Lejos tan lejos me despierto
Mientras allá los míos
Se cubren con la cobija
Lejos muy lejos
De la abuela, de la tía
De mi perro que ladra y ladra
Llorando mi despedida

Lejos tan lejos y este sentimiento
Que me prohíbe que olvide
la tierra mía
Lejos muy lejos
Voy llorando
Sufre mi corazón emigrante viajero
Esta pena que llevo todos los días

Lejos tan lejos
En idiomas extraños
No poder expresarme
En el corredor del silencio
Una maleta vacía

Lejos muy lejos
Como jamás en la vida

In an unfamiliar land

Far, so far,
As an astronaut roaming
through the universe
orbits which in the end
will not take me home

Ausente en los diciembres
Y el nuevo año
En una tierra desconocida

Lejos tan lejos
Como astronauta divagando en el universo
Órbitas que a la postre
no llevarán a la casa mía

I CAME TO SEE YOU

I climbed to the top.
In a metallic bird, I crossed the vast ocean,
High above the mountains, just to come and see you.

Between midnight and dawn,
The bird landed lightly.
I was welcomed by the sultry air
And the distinctive scent of your soil.

The smell of earth.
The smell of homeland.
The smell of coffee.

Hugs, kisses, smiles,
happiness and family

Little winged beings, disturbing,
They bit me.

The sun was different.
Everything seemed different
Life had a rhythm.
A single language,
A single need,
That of my great country.

I dived into the crystal-clear sea.
Clandestine in the world of fish.
Island of absolute beauty,

VINE A VERTE

Subí hasta lo más alto.
En un pájaro de aluminio atravesé el inmenso océano,
muy por encima de las montañas, para venir a verte.

Entre la medianoche y el amanecer,
el pájaro aterrizó ligero;
me recibió el bochorno
y ese aroma inconfundible de tu suelo.

El olor a tierra;
El olor a patria;
El olor a café.

Abrazos, besos, sonrisas,
felicidad y familia

Pequeños seres alados, perturbadores,
me recibieron a picotazos.

El sol era distinto.
Todo me pareció diferente
La vida tenía ritmo.
Un solo idioma,
Una sola necesidad,
La de mi gran nación.

Me zambullí en el mar cristalino.
Clandestino en el mundo de los peces.

Protected by the coral that God left there.
I quenched my thirst with the tree tomato.
A lulada *on hot nights;*
They reminded me
that I'm also from this land
That I'm still a Colombian.

My eyes were mesmerized with astonishment
in the spell of the imposing mountains,
They are so huge! so massive!
That they keep staring at me.

I came to see you.
My queen, my lady Nation.
Gorgeous among the gorgeous in the Americas,
You learned to smile amid your afflictions.

I came to see you.
although I should have stayed,
I'm leaving with you in my heart,
Yet longing to see you later.

Isla de absoluta belleza,
protegida por el coral que allí mismo puso Dios.

Refresqué mi sed con el tomate de árbol.
Una *lulada* en las noches de calor;
y recordar que también soy de aquí
y que sigo siendo colombiano.

Mis ojos quedaron hipnotizados de asombro.
en el embeleso por las imponentes montañas,
Son tan grandes! tan inmensas!
que se la pasan mirándome.

Vine a verte.
Mi reina, mi señora nación.
Hermosa entre las más bellas de las Américas,
Aprendiste a sonreír en medio de tus aflicciones.

Vine a verte.
Y aunque debí quedarme,
me marcho contigo en el corazón,
añorando un hasta luego.

HOW NOT TO PRAISE THE POET?

If from your inspiration
Words in verses are born

How not to praise the poet!

Rivers of living words
Flowers that grow in their path

How not to praise the poet!

Definition of light
In a world full of darkness

How not to praise the poet!

Tears in all possible ways
Lots of kisses and hugs

How not to praise the poet!

If the birds don't sing
Harmony dies, nature suffers

How not to praise the poet!

Musical notes
Wind instruments with good vibes

How not to praise the poet!

CÓMO NO ELOGIAR AL POETA

Si de su inspiración nace
La palabra verso

¡Cómo no elogiar al poeta!

Ríos de palabras vivas
Flores que crecen a su paso

¡Cómo no elogiar al poeta!

Definición de luz
En un mundo lleno de tinieblas

¡Cómo no elogiar al poeta !

Lágrimas de todas las formas
Cúmulo de besos y de abrazos

¡Cómo no elogiar al poeta !

Si los pájaros no cantan
Muere la armonía, sufre la naturaleza

¡Cómo no elogiar al poeta !

Notas musicales
Instrumentos de viento con buena vibra

¡Cómo no elogiar al poeta !

Children' smiles
Playing cheerfully in the park

How not to praise the poet!

Sensuality to the skin
Orgasms in heaps

How not to praise the poet!

Letters are written by the soul
Diphthongs by the heart

How not to praise the poet!

Silent screams
Of the most beautiful sculptures

How not to praise the poet!

Finding literary fossils
Books that rise from the dead

How not to praise the poet!

If death itself
Has already spared his life

Sonrisas de niños
Jugando alegres en el parque

¡Cómo no elogiar al poeta !

Sensualidad a flor de piel
Orgasmos por montones

¡Cómo no elogiar al poeta !

Cartas escritas por el alma
Diptongos del corazón

¡Cómo no elogiar al poeta !

Gritos silenciosos
De las más bellas esculturas

¡Cómo no elogiar al poeta!

Hallazgo de fósiles literarios
Libros que resucitan entre los muertos

¡Cómo no elogiar al poeta!

Si la misma muerte
Ya le perdonó la vida

LIFE

Shelter of everything
Cells, tissues and chromosomes
They swim
In the privacy of the creator

Omnipotent sculptor
Of all things

House that wraps up the dreams
O the human being
Protected inside the placenta
The perfect human work

All the cares of a long marathon
Nine golden cycles

Days to be alone with God
Days when science itself is nothing
Or lacks importance

Fallopian tube
Cosmic Fecundation
On birth nights
Love is the essential seasoning
Of this good recipe

Soon and the entire humanity
Is waiting outside
A few days before water breaks.

VIDA

Refugio del todo
Células, tejidos y cromosomas
Que nadan
En la intimidad del creador

Omnipotente escultor
De todas las cosas

Casa en la que se construyen
Todos los sueños del ser humano
protegida entre la placenta
La obra humana perfecta

Todos los cuidados de una larga maratón
De nueve ciclos de oro

Días para estar a Solas con Dios
Días en que la misma ciencia es nada
No cuenta

Trompas de falopio
Fecundación Cósmica
En las noches de natalidad
Amor el condimento esencial
de esta buena receta

Pronto y la humanidad entera
Espera afuera

Just a few hours to open your eyes
The first breath
Tears of life are announcing
The arrival in the end

Tears of love
From a lucky mother

A pocos días de romperse las fuentes
A pocas horas de poder abrir los ojos
El primer respiro
Lágrimas de vida que anuncian
Por fin la llegada

Lágrimas de amor
De una madre afortunada

BEINGS OF IMAGINATION

My lovers are on the moon
And on other planets too
They swim in water
But they are not mermaids

My lovers
They hide in the jungle
Well camouflaged by dense vegetation
But they are not panthers

My lovers
They sleep in the caves
Like winged spirits
But they are not fireflies

My lovers
They hide in the flowers
And satiate with pollen
But they are not bees

My lovers play mind games
And they bring back
The most beautiful memories
Of all the erotic muses
That once swung
In the trapeze of my past

SERES DE LA IMAGINACIÓN

Mis amantes están en la luna
También en otros planetas
Nadan en el agua
Pero no son sirenas

Mis amantes
Se esconden en la selva
La densa maleza las camufla
Pero no son panteras

Mis amantes
Duermen en las cuevas
Como los espíritus alados
Pero no son luciérnagas

Mis amantes
Se esconden en las flores
Se sacian con el polen
Pero no son abejas

Mis amantes juegan con mi mente
Y traen de vuelta
Las más hermosas memorias
De todas las musas eróticas
Que alguna vez se columpiaron
En el trapecio de mi pasado

BEING A DAD

Being a dad,
Dad is the magic word that flows
From my daughters' gentle mouths
A laugh that is born
From the pile of spread toys

Being a dad
The very reason for existence
A little piece of yourself that runs and plays today
The comparative journal of similarities
My daughter's little eyes
Our identical gaze

Being a dad
Is learning how to crack the code
Of smiles, sounds and gestures
Everyday curiosity
That little person chasing me
For me to extend my arms
Lift her to safety
Away from all her imaginary giants

Being a dad
Is not accepting that she leaves the nest
Leaving behind an empty room
Painted with her teen years
Shoes and notebooks on the floor,
Because chaos is preferable
To an orderly and empty serenity

SER PAPÁ

Ser papá
es la palabra mágica que brota
de la tierna boca de mis niñas
Una carcajada que nace
en un montón de juguetes tirados

Ser papá
La razón misma de la existencia
un pedacito de uno mismo que hoy corre y juega
El diario comparativo de las similitudes
Los pequeños ojos de mi hija
nuestra idéntica mirada

Ser papá
es aprender a descifrar el código
de sonrisas, sonidos y gestos
la curiosidad de todos los días
Esa pequeña personita que me persigue
para que yo le extienda mis brazos
cargarla ponerla a salvo
lejos de todos sus gigantes imaginarios

Ser papá
es no querer que abandonen el nido
dejando un cuarto vacío que se pintó
con toda la adolescencia de mi hija
Zapatos y cuadernos en el suelo,
porque es preferible el caos
a una tranquilidad ordenada y vacía

Being a dad
Is becoming a child again
Crouching into our daughters'
Imaginary house
And forget for a moment that adults we are

Being a dad
Is becoming the guardian
Who is not afraid of dark
A sheltered space
When the night brings fear about

Being a dad
Is giving up living alone
Is to open one more place in your soul

Being a dad
Is to expect that illness
Will only affect us,
Like a raging fire
And promise not to cry in their presence

Being a dad
Is to see them reach the world
Is to take them to school
Listening to all their stories
Draw together their dreams in watercolours
Which the fatigue of the days will erase

September 2019,
date when my daughter started college

Ser papá
Es volver a ser niño
Entrar agachado a la casa imaginaria
De nuestras hijas
Olvidarnos por un instante que ya somos grandes

Ser papá
es convertirse en el guardián
que no le teme a la oscuridad
Un espacio de cobijo
que les espera cuando la noche trae miedo

Ser papá
es renunciar a vivir sólo
es abrir un lugar más en el alma

Ser papá
es pretender que la enfermedad
nos llegue sólo a nosotros,
como un voraz incendio
y prometer no llorar frente a ellas

Ser papá
es verlas llegar al mundo
es llevarlas y traerlas de la escuela
escuchando todas sus historias
Dibujar juntos sueños en acuarelas
que borrará luego el cansancio de los días

Septiembre de 2019,
fecha en que mi hija empezó la Universidad

MRS. NATION

Large and amongst the most wonderful
In the American continent
Your lush beauty
Exceeds the entire Latin geography

Full of mountains and snow-capped peaks
Your flowers, your rivers, your relief
And the beautiful Colombian women
That bloom amongst your azaleas

Your majestic territory is crisscrossed by
The rivers Atrato, Cauca and Magdalena
Arteries and veins of my home
The great nation and the most loved

You dance salsa in the Pacific
Cumbia in the Atlantic,
Joropo in the plains
You dance the traditional vanbuco in Ibagué
And the vallenato like a goddess in love

There is so much aroma in your fields
That when God rests on your skirts
He tastes the good coffee and drinks it from your hands
It's our great pride of a well sown land

Kiss me lady Nation
Sweeten my mouth with the sugar
From your cane fields, make me drunk with love

SEÑORA NACIÓN

Grande y entre las más bellas
En el continente americano
Tu belleza exuberante
Sobrepasa toda la geografía latina

Llena de montañas, nevados
Tu flora, tus rios, tu relieve
Abundan tus flores y entre tanta Azalea
La hermosísima mujer colombiana

Surcan tus majestuosos ríos
El Atrato, Cauca y Magdalena
Como los grandes de tu suelo
Como una gran nación y la más amada

Bailas en el Pacífico la salsa
en el Atlántico la cumbia, en el llano el joropo
en Ibagué tu tradicional vanbuco
Y el vallenato como una diosa enamorada

Tanto aroma hay en tus campos
Que cuando Dios se posa sobre tus faldas
degusta el buen café y lo bebé de tu mano
Orgullo grande sobre una tierra bien sembrada

Bésame señora nación
Que mi boca endulzas con el azúcar
de tus cañizales, embriágame de amores

Surround me with your mountain ranges
And that glare in your gaze

Brave and large Nation
Seeing you smile is my great desire
Coming back to you forever my daring dream
And feel that you are mine
May your peace be achieved

Rodéame tus cordilleras y ese fulgor de tu mirada

Grande y valiente nación esforzada
Que verte sonreír es mi gran anhelo
Volver y para siempre mi sueño osado
Sentirte más mía y que tu paz sea lograda

LEGS CARNIVAL

Dedicated to my wife

Legs carnival
Theatre of life
A function that never ends
Twins that go around
Around the world
Legs that seduce when walking
Notaries, poets and sculptors
Will always give their lives
To see them naked
To see them walk
Who invented them?
Who had that bold dream
Of giving you legs?

My wife is the author of such a work
But God from above gave you
All the beauty
The same one that starts in your waist
And then goes down to your amazing knees
Without putting aside
The wonderful thing about your shins
And if I continue, I'll find your feet
Your feet of an erotic dancer
Hard bones of your feet
Your feet that look great with your naked heels
But when they wear shoes
They wrap up in the glamour
Which attracts ardent glances

CARNAVAL DE PIERNAS

Carnaval de piernas
Teatro de la vida
Función que nunca acaba
Dos gemelas que rondan
Por el mundo
Pantorrillas que seducen al andar
Escribanos, poetas y escultores
Siempre darán la vida
Por verlas desnudas
Por verlas caminar
¿Quién las inventó?
¿Quién tuvo ese sueño tan osado
De ponerte piernas?

Mi mujer es la autora de semejante obra
Pero Dios desde las alturas te otorgó
Toda la belleza
Esa misma que empieza en tu cintura
Y luego baja hasta tus increíbles rodillas
Sin dejar a un lado
Lo maravilloso de tus canillas
Y si sigo tengo que encontrar tus pies
Pies de bailarina erótica
Pies de hueso duro
Pies que lucen bien con sus talones
Pero cuando son calzados
Se visten de glamour
Para causar muchas miradas

And even I am amazed
With the rhythm of those legs
Yours, which are also mine

Y hasta yo mismo me asombro
Con el compás de esas piernas
Tuyas, que también son mías

FLEETING

Today I stumbled into some eyes
Bright and full of colour
They were running around in a rush
Horseback riding the routine

They glanced at me even though
For thousandths of a second
Strangers perhaps
With no one to glance back

They were full of sadness
Or maybe - why not - of joy
Young in their glow
Romantic at their farewell

They glanced at me, yes they did
But I could not host
At that same instant
The agonizing flame of that glance

FUGAZ

Hoy me tropecé con unos ojos
Vivos y llenos de color
Iban de prisa
Montados en el caballo de la rutina

Me miraron aunque solo
Por milésimas de segundos
Desconocidos tal vez
Sin nadie que los mirara

Iban llenos de tristeza
O quizás – por qué no – de alegría
Jóvenes en su resplandor
Románticos en su despedida

Me miraron, sí que lo hicieron
Pero no pude hospedar
en ese mismo instante
La llama agónica de esa mirada

YOU, ALONE WITH GOD

Dedicated to my baby
Written with tears of joy
Thanks, God, for giving me the words

You, who has a lot of me and a lot of her
You, who are the fruit of this great love
You, who gives us sleepless nights,
 Anxiety, emotion and joy

You, who moves when I'm around
And don't care if it's night or day.

I speak to you and I know you listen to me
I can't see you but I feel you
I know you are in your little house
Where you are swimming, learning and feeling
You are alive and certainly
Alone with God!

I imagine that with each
Word that comes out of His mouth
You take form, you grow, you smile at Him.
I imagine how many hours
You spend by His side
And in each cell
He creates you in his image and likeness
Speaks wonders into your ears
He takes you in His hands as a sculptor
Without losing any details

A SOLAS CON DIOS

Dedicado a mí hija Isabella
Escrito con lágrimas de gozo
Gracias Dios, por regalarme las palabras

Tú que tienes mucho de mí y mucho de ella
tú que eres el fruto de este gran amor
Tú, que nos das desvelos,
Ansiedades, sentimientos y alegrías

Tú, que te mueves cuando estoy cerca
No te importa si es de noche o es de día.

Yo te hablo y sé que me escuchas
No te puedo ver pero te siento
Sé que estás en tu pequeña casita
Donde nadas, aprendes, sientes
Vives y estás de seguro
¡A solas con Dios!

Me imagino que con cada
Palabra que sale de su boca
Te formas, creces, sonríes con él.
Me imagino cuántas horas
Pasarás junto a su lado
Y en cada célula
Te diseña a su imagen y semejanza
Habla maravillas a tu oído
Te toma en sus manos de escultor
Sin perder detalle alguno

How anxious I am on the other side
Of your mother's belly
Counting the days
I'm waiting for you
I'm longing for you!

Yo, que ansioso estoy del otro lado
De la hermosa panza de tu madre
contando los días
¡Te espero, te anhelo!

YOUR PLANET

Dedicated to my wife

Many years ago
I landed in your world
Tempted by your charms
By the colour of your eyes and your small hands

For many years
I have been in your life
Amongst many photos amongst lots of roses
Amongst many laughs

Many years ago
I started breathing the oxygen of your breath
And the water that comes out of your smile
A spring of pure water

For many years
Your world has been full of children
Of parks and parties
Of ice cream and friends

For many years
I've been walking your streets full of beauty
With flowers that never grow old
That never wilt and there is no sadness

Many years ago
I found peace
In your city I found a company

TU PLANETA

Dedicado a mi esposa

Hace muchos años
aterricé en tú mundo
Convidado por tus encantos
Por el color de tus ojos y tus manos de niña

Hace muchos años
llevo metido en tu vida
entre muchas fotos entre muchas rosas
Entre muchas risas

Hace muchos años
Tu aliento ha sido el oxígeno que respiro
Y el agua que sale de tu sonrisa
El manantial del agua pura

Hace muchos años
Tu mundo está lleno de niños
de parques y de fiestas
de helados y amigas

Hace muchos años
Tránsito por tus calles abundantes de belleza
Con flores que jamás envejecen
Nunca se marchitan y no hay tristeza

Hace muchos años
Que hallé la paz

And goodness in your heart

For many years
I've been getting lost in those your two mountains
The relief of your waist
I've been living with all your feet
Famous care of your days

For many years
The perfect sculpture has lain on your planet
That of your body and that of your embellished
Figure and your label of queen

For many years
I've liked the density of your atmosphere
The conversation of your ozone
Your crazy days and your knees

I can see myself many more years
A resident on your planet
Citizen of your heart.

En tu ciudad la compañía
Y en tu corazón hay nobleza

Hace muchos años
Que me pierdo en esas tus dos montañas
El relieve de tu accidentada cintura
Convivo con todos tus pies
Célebre Cuidado de tus días

Hace muchos años
En tu planeta yace la escultura perfecta
La de tu cuerpo y esa tu silueta
Engalanada y tu etiqueta de reina

Hace muchos años
Me gusta la densidad de tu atmósfera
La conversación de tu ozono
Tus días locos y tus rodillas

Imaginarme muchos años más
Residente en tu planeta
Ciudadano de tu corazón.

THE CURSE OF PAGAN GODS

Women's body language
That can be decoded in the street
Promotion of cravings
Accelerated nerves
Appealing holograms
Which make him fall for it

Desires are getting together
They all go for him. Go for him!

The world revolves in high definition
Before his very eyes
Each pixel is a photo that speaks to him
A panoramic view
A real-time broadcast of his promiscuity and sin

In his most human side
His thoughts are easy prey
For such feminine abundance
The generosity of the pagan gods

Stallion! Satan!

The constant mental battle of a man
Fighting against himself
No truce or expiration date

LA MALDICIÓN DE LOS DIOSES PAGANOS

Lenguaje de cuerpos de mujeres
Que se pueden descifrar en la calle
Promoción de antojos
Nervios acelerados
Hologramas que le atraen
Y lo invitan a caer en su propia trampa

Fantasías que se agrupan
Todas vienen a él. ¡Todas, todas!

Delante de sus ojos
El mundo gira en alta definición
Cada píxel una foto que le habla
Panorámica vista
Transmisión en vivo de su promiscuidad y su pecado

En lo más humano de su ser
Sus pensamientos son presa fácil
De tanta abundancia femenina
Generosidad de los dioses paganos

¡Semental! ¡Macho cabrío!

La constante batalla mental del hombre
Lucha contra sí mismo
Sin tregua ni fecha de caducidad

YOU ARE MY BEST LOVE POEM

Next to an agonizing candlestick
I wrote these my verses to you!

Well, I started feeling you
And the first thing I stumbled into
Were your gorgeous and colourful eyes.

It was like watching the leaves
Of the trees falling in autumn
Maybe the green of spring was already
In your eyes
Those your eyes
Where I spy on you and look towards your heart
Those your eyes
Full of sparkles
That change according to your moon.

Well, to be honest
Every kiss that I savour from your mouth
Tastes like the first one.

Your smile is my best praise
And I want to be a reason for joy
Until we get old.
I also went through your arms
Strong as towers
Well put by God
To give elegance and harmony
To your entire body

ERES MI MEJOR POEMA DE AMOR

¡Junto a un agonizante candelabro
te escribí estos mis propios versos!

Pues te empecé a recorrer y junto allí
Con lo primero que tropecé
Fueron tus bellos y coloridos ojos.

Era como ver caer las hojas de los árboles en otoño
Tal vez el verde de la primavera estaba en tus ojos
Esos tus ojos
Por donde te espío y miro hacia tu corazón
Esos tus ojos
Llenos de destellos
Aquellos que cambian según tu luna.

Pues para serte sincero
Cada beso que destilo por tu boca
Me sabe al primero.

Tu sonrisa es mi mejor aplauso
Y mi anhelo es darte todas las alegrías
Hasta que lleguemos a viejos.
También pasé por tus brazos
Fuertes como torres
Bien puestos por Dios
Para darle la total elegancia y armonía
A todo tu cuerpo.

And how to forget your lovely and delicate feet
Strong as white horses
Which are devoted to carrying you through life.

But what I like the most
Is that they are happily walking
Very close to me.

How many praises I still have
I do not know,
How many poems to write to you
I do not know,
If I started to describe
All your absolute beauty
A lifetime wouldn't be enough

If I talked about all your charms
I'd better say
Like lilies amongst the flowers
Is my wife amongst women!

Y cómo olvidar tus lindos y delicados pies
Fuertes como caballos blancos
Que se dan a la tarea de llevarte por toda esta vida.

Pero lo que más me gusta
Es que son felices
Caminando muy cerquita de mí.

Cuántos halagos me faltan aún
No lo sé,
Cuántos poemas por escribirte
No lo sé
Si yo me pusiera a detallar
Toda tu absoluta belleza
No me alcanzarían los años

Si hablara de todos tus encantos
Mejor diría
¡Como azucenas entre las flores
Es mi esposa entre las mujeres!

TIME

Dedicated to my daughters
Mónica e Isabella

Getting home,
And finding these two
Lovely little sisters

Guessing what they're playing at,
Why are they laughing
Just they
Just my daughters

I carry a thought
That I keep as a treasure

So that before getting home
I can see it with my eyes.

My worried eyes,
And the intense longing
To see them smile.

On my own
Bulletproof world
Of love

My home!

TIEMPO

Llegar a casa,
Y encontrar a esas dos
Encantadoras hermanitas

Descifrar a qué juegan,
Por qué ríen
Solo ellas
Solo mis hijas.

Llevo un pensamiento
Que guardo como un tesoro

Para que antes de llegar a casa
Lo pueda ver con mis ojos.

Mis ojos de la preocupación,
Y el anhelo vivo
De verlas sonreír.

En mi propio
Mundo blindado
Por el amor

¡Mi casa!

The home where
My wife lives too,
The accomplice of all my
Dreams
My beloved
Night companion

My wife
Mother of so much beauty.

Sometimes it's stronger
Than a magnet
The attraction
Of those who wait for me
At home without delay

Despite the daily
Battles of life.

Of an agonizing humanity
With no hours, with no minutes.

Away from my orbit
I feel lost
Away from them
But my yearning
Is always getting home

Wrapped up a bunch of cuddles
Hugs and kisses.

El hogar donde también
Vive la mujer,
La cómplice de todos mis
Sueños
Mi acompañante nocturna
Favorita.

Mi esposa
La madre de tanta belleza.

A veces es más fuerte
Qué un imán
Y me siento atraído
Por las que me esperan
Sin tardanza alguna

A pesar de la lucha
diaria de esta vida.

De una agonizante humanidad
Sin horas, sin minutos.

Lejos de mi órbita
Me siento perdido
Lejos de ellas
Pero mi anhelo
Es siempre llegar a casa

Envuelto en un cúmulo de caricias
Besos y abrazos.

I get my reward
Because the most valuable
Thing to take home
For my princesses
Of two ages
Is my life
Is my time.

Obtengo mi recompensa
Porque lo más valioso
Que yo puedo llevar a casa.
Para mis princesas
De dos edades
Es mi vida
Es mi tiempo.

HOW BEAUTIFUL IS MY DAUGHTER

The girl,
The young woman now

The falling petals and leaves
Are announcing the time
Of your blooming youth

Fifteen unique flowers
Were created by God
On your saint's day

Where is the girl
Where are her dolls
And dad's
Bedtime stories.

Time is your best ally
You grow up and get stronger.

When I see you now
In all your radiant beauty
You remind me of your mum

If you ran and chased me
When you were five

¡QUÉ HERMOSA MI HIJA!

Dedicado a mi hija
Mónica Álvarez

La Niña,
Ahora la joven

Los pétalos caen
Y el deshojar de los árboles
Anuncian el tiempo de tu juventud.

Quince flores de selección
Exclusiva creó Dios
Para el día de tu santo

Dónde está la niña
Dónde sus muñecas
Y los cuentos de cuna
Las historias de papá.

El tiempo es tu mejor aliado
Creces y te fortaleces.

Verte ahora
En tu radiante belleza
Me recuerda a tu mamá

Now
The one that chases me
All over the house
Is your little sister

You exchanged your stuffed animals
For study books
And while I watch you flourish
I'm still the custodian
Who cares
When you are not back from school

Or when you go out with your friends
By the gate
I wait for you
And great is the joy
When you get home
You already choose
Your clothes in detail
Between your fashions
Your virtual world and your
Endless pictures.

Even your way of thinking
Is different now

Si cuando tenías cinco años
Corrías y me perseguías
Siempre para jugar

Ahora
La que me persigue es tu
Pequeña hermana
Por toda la casa.

Cambiaste tus peluches
Por libros de estudiar
Y mientras te veo crecer
Sigo siendo ese guardián
Que aún se preocupa
Cuando aún no llegas de la escuela

O cuando vas con tus amigos
Siempre junto al portón
Te espero
Y grande es la dicha
Cuando llegas a casa

Ya tus prendas de vestir
son cuidadosamente elegidas
Entre tus modas
Tu mundo virtual y tus
Inagotables fotos.

Ya tu forma de pensar
Es distinta,

Someday, suddenly
You will fly the nest
Chasing your traveller's dreams
Of traveller.

But remember, daughter
Beautiful daughter,
Your place will always be
Here
With us
Forever.

Algún día de pronto
Saltarás del nido
De este hogar
Persiguiendo tus sueños
De viajera.

Pero recuerda hija
Hermosa,
Aquí con nosotros
Siempre
Estará tu lugar

WOMAN'S POEM

That hue in your eyes
What beautiful colours
And so is all over your skin!

Those juicy full lips
In your mouth
Are sweet honeycombs
Where kisses sprout
Where honey springs up

It's breath-taking
The contour of your legs
Carrying your hips
With a rhythm like no other.

It's so nice
The breath of your mouth
Like fresh mint
With a pinch of salt.

You carry your fingers
Like a group of piccolos
That together with the zither
They look like a carnival.

And what about the earrings
Which in your ears look
Like true pearls shining
In their light.

POEMA DE MUJER

¡El tono de tus ojos
Qué colores tan hermosos
Y así mismo es toda tu piel!

Tienes en tu boca
Dos labios bien jugosos
Como dulces panales
Donde brotan besos
Donde sale miel.

Es impresionante el
Contorno de tus piernas
Llevan tus caderas
En un ritmo sin igual.

Es que es tan agradable
El aliento de tu boca
Como fresca menta
Con una pizca de sal.

Llevas a tus dedos
Como un grupo de flautines
Que junto a la cítara
semejan carnaval.

Y qué hay de los aretes
Que lucen tus orejas
Como fieles perlas que brillan
En su luz.

Your navel is like
White porcelain
And your beautiful breasts
Are fountains of jasmine.

Free is your hair
Like a thousand horses
That gallop nearby,
Down your neck
Your neck which gives off your perfume
Where each place combines
With your being.
You pour true fragrance
And in sweet, charming sighs
Are your unique
Woman's scents.

How beautiful your teeth are
How sensual your red lips

Sometimes I wonder
With the rhythm of your knees,
Firm knees
When they mould wonders
The place where
Calm, balance and
Rectitude are.

Your feet are two leaves
Or, better, rose petals
In need of a carpet
In need of grass.

Es tu ombligo como
La blanca porcelana
Y tus senos bellos como
Fuentes de jazmín.

Es tu pelo libre
Como miles de caballos
Que galopan cerca,
Por tu cuello,
Cuello que destila tu perfume
Donde cada paraje combina
Con tu ser.
Viertes fiel aroma y en suspiros dulces, bellos
Son tus diferencias
Tus sabores a Mujer.

Qué hermosos son tus dientes
qué sensualidad la de tus labios rojos

A veces yo me asombro
Con el compás de tus rodillas
Que parecen firmes
Al moldear de maravillas
Donde se encuentra
La calma, el balance y
Rectitud.

Son tus pies dos hojas
O mejor pétalos de rosa
Que necesitan de la alfombra
De la hierba.

They are as free
As the tide
That walks hastily,
That takes you to the bed
Of love

Of heavenly etiquette is your form.
What a great blessing
You have become.

Why are you a woman
If you have inherited from the flowers
Blessed you, made by God!

Son tan libres
Como la marea
Que camina impetuosa,
Que te lleva hacia el lecho
Del amor.

De etiqueta celestial
Es tu hechura.
En qué gran bendición
Te has convertido.

Por qué sos Mujer
De las flores tienes herencia
¡Bendita te hizo Dios!!!!

GRANDMOTHER

Dedicated from Isabella
to Mamima, Marta Lucía

Grandma treasures memories of those sunsets
Lovely moments amongst the fallen leaves
The long autumns when she didn't feel lonely

Grandma is ponders over the option of laughing again
She says prayers to the Lord
And prays for her family in new sunrises

Grandma's soul hurts for the farewells
Of the departed loved ones
Who have left empty rooms

Grandma in tears is dreaming of
the most moving scene:
Where all her little grandchildren
Are playing tag around her and shouting of joy

Grandmother!

LA ABUELA

Dedicatoria especial de Isabella
para su mamima Martha Lucia

La abuela atesora recuerdos de aquellos atardeceres
Hermosos momentos entre las hojas caídas
Largos otoños en los que no se sintió sola

La abuela contempla la idea de volver a reír
Eleva una plegaria al altísimo
Y pide por su familia en nuevos amaneceres

A la abuela le duele en el alma el adiós
de sus seres queridos que marcharon
Dejando habitaciones vacías

La abuela entre lágrimas sueña
la más conmovedora escena
La de todos sus nietos
corriendo tras ella y gritando

¡Abuela !

WHAT DO PIGEONS LOOK AT

What do pigeons look at
Creatures evolved to nothingness
Giant steps
Leading nowhere

What do pigeons look at
Streets filled with danger
Inhuman technology
Which protects no one

What do pigeons look at
Cancerous buildings
Cities blurring the sun
Men dying in the streets

What do pigeons look at
Loneliness and injustice
Boozy urine on the train platforms
Gardens suffocated by smoke

What do pigeons look at
One-night stands
Passions that only do harm
Neglect and broken glass

What do pigeons look at
Carnival fireworks
Partying and fake laughter
Soul sickness

QUÉ MIRAN LAS PALOMAS

Qué miran las palomas
Seres que evolucionan a la nada
Pasos agigantados
Que no conducen a ninguna parte

Qué miran las palomas
Calles llenas de peligro
Tecnología inhumana
Que no protege a nadie

Qué miran las palomas
Edificios cancerosos
Ciudades que opacan al sol
Hombres que mueren en la calle

Qué miran las palomas
Soledad e injusticia
Andenes orinados por el alcohol
Jardines asfixiados por el humo

Qué miran las palomas
Novios de una noche sola
Pasiones que solo dañan
Abandono y vidrios rotos

Qué miran las palomas
Pirotecnias de carnaval
Fiesta y falsas risas
Enfermedades del alma

The naked creature:
Hearts which are unable
To discover in their world
What the pigeons look at.

El ser humano al desnudo:
Corazones incapaces
De descubrir en su mundo
Lo que miran las palomas.

WE ARE NOT FREE

In the palms of my hands I have power
But in my wrists chains of slaves

Were not we, men, more free
When the phone remained tied?

It's the daily dose that mesmerises us
Fog pages
Profiles of creaturs that never existed
Virtual sewer where we store our complexes
Behind the false idea of a like,
Of an I love you
Of friends who were never such

In the painful reality of a parallel world
The man is left on his own.

NO SOMOS LIBRES

En la palma de mi mano tengo el poder
Pero en las muñecas las cadenas del esclavo

¿No éramos más libres los hombres
Cuando el teléfono permanecía atado?

Dosis diaria que nos hipnotiza
Neblina de páginas
Perfiles de seres que jamás existieron
Cloaca virtual donde guardamos nuestros complejos
Tras la falsa idea de un me gusta, de un te quiero
De amigos que jamás lo fueron

En la penosa realidad de un mundo paralelo
El hombre se queda irremediablemente solo

AUTHOR'S BIOGRAFHY

I was born in southern Colombia, in the Department of Cauca,
Bolívar, on a March 15th.
It was God's will that my mother would travel to another
dimension when I was barely one year old. From then on, my aunt
took me to the city of Palmira Valle, where I lived with her and her
daughters. They became my motherly family and gave me all their
love and the best upbringing.
I met my brothers and my father, "the Alvarez", at the age of 12.
My cousins and my grandparents revealed to me secrets about my
mom's life, her generosity and her big heart.
Like any other teenager, my life was chaotic, and I found myself
writing to vent my feelings. My first poem was of love, of childish
love.
At the age of 19, I said goodbye to my homeland and arrived in a
new world full of expectations, with very different buildings and
very conservative British lifestyles.
Over the years I met the God of Love, the Risen Jesus, which
enriched my life and allowed me to put in poetic verses letters
dedicated to God, to his creation, to life, to the incarnate flower.
Ten years ago, I met my queen, my night accomplice, my great
friend, my wife, my treasures' mother, my daughters.

FRANCISCO FABIÁN ÁLVAREZ SABOGAL

BIOGRAFÍA DEL POETA

Nací un 15 de marzo al sur de Colombia, en el Departamento del Cauca, Bolívar.
Por cosas de Dios y el destino mi madre viajo a otra dimensión cuando yo apenas tenía un año. Desde entonces mi tía me llevó a vivir con ella y sus hijas a la ciudad de Palmira Valle.
Convirtiéndose en mi familia maternal me dieron todo el amor y la mejor crianza.
A la edad de 12 años conocí a mis hermanos y a mi padre, los Álvarez. Primos, primas, abuelos. Se me revelaron secretos sobre la vida de mamá, de su nobleza y su gran corazón.
Como todo adolescente, mi vida fue turbulenta y encontré en la escritura un mundo para desahogar mis sentimientos. Mi primer poema fue de amor, el del amor de la infancia.
A la edad de 19 años le dije adiós a mi patria, llegando a un mundo nuevo lleno de expectativas, de distintas edificaciones y estilos de vida muy conservadores, muy británicos.
Al pasar de los años conocí al Dios de Amor, a Jesús resucitado.
Mi vida se enriqueció y pude poner en letras versos poéticos dedicados a Dios, a la vida, a su creación, a la flor encarnada.
Hace 10 años conocí a mi Idónea, a la reina, a mi cómplice de las noches, mi gran amiga, mi mujer, la madre de mis tesoros, mis hijas.

FRANCISCO FABIÁN ÁLVAREZ SABOGAL

Te di muchos abrazos, flores y besos en vida
¡Hasta que llegó el inevitable adiós!

INDEX

INDICE

Illustrations:

Isabella Álvarez, pages 20, 21
F. Fabián Álvarez, pages 56, 57, 104, 195

Ilustraciones:

Isabella Álvarez, páginas 20, 21
F. Fabián Álvarez, páginas 56, 57, 104, 195

Printed in Poland
by Amazon Fulfillment
Poland Sp. z o.o., Wrocław